AF242646

LIBÉRATION

DE LA FRANCE

PAR

UN IMPOT SUR LE CAPITAL

PARIS. — IMPRIMERIE BALITOUT, QUESTROY ET COMP.

7, RUE BAILLIF ET RUE DE VALOIS, 18.

LIBÉRATION
DE LA FRANCE

PAR UN IMPOT

SUR

LE CAPITAL

PAR

Le Comte Xavier BRANIÇKI

PARIS

E. DENTU, LIBRAIRE-ÉDITEUR

GALERIE D'ORLÉANS, 17-19, PALAIS-ROYAL

1871

AU LECTEUR

L'auteur de ces pages est originaire d'une race dont les différentes fractions, luttant souvent entre elles, ont porté jusqu'à la fureur leur hostilité mutuelle. Néanmoins, au milieu de leurs discordes, un sentiment commun les a constamment unies : la haine de l'Allemand. — Russes, petits Russiens, Polonais, Silésiens, Moraves, Tchekhes, Slovakes, Serbes, Bulgares, Slovènes, Croates, Bosniakes, Monténégrins, Dalmates, toutes ces populations se transmettent, quelle que soit la forme de leur gouvernement, cette haine vivace de génération en génération. Là même où comme en Prusse, jamais, grâce aux lumières du protestantisme, une oppression vraiment lourde ne s'est appesantie sur les rejetons de la race slave, l'Allemand n'est pas moins détesté qu'ailleurs.

Si je ne participe que modérément à cette haine dix fois séculaire, je le dois, sans doute, à mon éducation française et à mon séjour sur cette terre généreuse de France, où on sait mieux aimer que haïr.

La France m'a accordé refuge et protection. Naturalisé citoyen français, j'ai connu le bonheur ineffable d'avoir une patrie. Quelques membres de la famille impériale m'ont honoré de leur bienveillance, j'oserai même dire de leur amitié, sans jamais me demander le moindre sacrifice à l'indépendance de mes idées et de mon caractère.

Dans la funeste guerre qui vient de se terminer, j'eusse été heureux d'offrir mon sang à la France, mais ma demande d'aller faire partie de l'armée du Rhin avec un régiment, levé à mes frais, ne fut pas accueillie. Plus tard une grave infirmité ne me permit pas de rejoindre les braves francs-tireurs de la Loire. Ce sera pour moi un regret éternel d'être resté inactif pendant toute la campagne.

Depuis la paix je crois qu'il convient mieux à tout bon citoyen de chercher un remède à nos souffrances qu'à perdre son temps en vaines récriminations. Si l'élu de la nation a commis des fautes, il ne m'appartient pas de les relever. L'Empereur est-il, d'ailleurs, le seul coupable? Là où commencent les fautes irréparables, c'est à l'expédition du Mexique, due principalement au comte de Morny, de néfaste mémoire.

Il s'agit avant tout aujourd'hui de nous débarrasser de l'occupation étrangère. On veut y arriver par des mesures lentes. J'ai cherché et je crois avoir trouvé un moyen plus prompt d'atteindre le but désiré.

Le projet financier, que me suggère mon dévouement au pays, ne sera pas du goût de la plupart des économistes. Je m'attends à soulever leur colère. Ils m'accuseront de dédaigner les procédés de la science traditionnelle et de n'être qu'un utopiste. Cette épithète ne m'effraie pas. Ce terme d'utopie n'a-t-il pas été jeté à la face de toutes les innovations fécondes de l'humanité? Il fut même appliqué au télégraphe, quand, sous Louis-Philippe, un ministre déjà célèbre s'écriait à la tribune, que ce mode rapide de communication resterait toujours le monopole de l'État et qu'il était absurde de prétendre, comme le faisait le général Demarçay, que le télégraphe tomberait dans le domaine public.

D'ailleurs ce qui a déjà été mis en pratique avec succès n'est pas une utopie. Or, aux États-Unis d'Amérique, après la guerre civile, le capital a été imposé à 2 1/2 p. 100 dans la plupart des États (en sus d'un impôt fédéral de 7 p. 100 sur le revenu).

Inspirons-nous de l'exemple de la grande République transatlantique !

Ayons comme elle l'énergie et la résolution que réclament les circonstances difficiles.

X. BRANICKI.

Paris, le 10 novembre 1871.

LIBÉRATION

DE LA FRANCE

PAR

UN IMPOT SUR LE CAPITAL

Parmi tant de maux et de si graves qui ont atteint la France dans ces deux dernières années, les plus graves assurément, après la perte d'une partie de notre territoire, sont les coups portés à notre fortune publique, — nos désastres financiers.

L'Allemagne qui nous a fait une guerre acharnée, implacable même, dans certaines phases de sa durée, a couvert de ruines de grandes étendues de notre sol, mais grâce à la fertilité de ce même sol, à la douceur de notre climat, à notre activité naturelle, à l'esprit d'initiative et d'entreprise et à tant d'autres ressources matérielles et morales qui nous restent, ces pertes peuvent être assez promptement réparées. Par contre, ce qui sera plus malaisé à rétablir, ce qui peut prolonger considérablement notre faiblesse passagère, ce sont nos pertes pécuniaires, c'est le délabrement de nos finances, les embarras de notre budget.

Cinq milliards de contribution de guerre à payer en cinq ans constituent une charge, non pas au-dessus de nos forces, mais pouvant les exténuer et les paralyser pour longtemps, si on ne se résout pas à faire un effort vigoureux, prompt et intelligent pour se débarrasser de ce fardeau qui menace de nous écraser.

Divers projets ont été formés, diverses combinaisons ont été proposées dans le but de nous libérer de cette dette, que l'on peut qualifier d'*énorme* eu égard surtout au terme que l'on nous accorde pour nous en acquitter. Le Gouvernement et avec lui l'Assemblée nationale n'ont eu recours qu'au moyen ordinaire et, qu'on nous permette de le dire, routinier, des emprunts à rentes perpétuelles. Une émission de ces rentes 5 p. 100 à un prix tellement bas, que peu de semaines ont déjà suffi pour démontrer que le Trésor y perd plus de 12 p. 100 du capital qu'il avait à emprunter ; c'est tout ce que l'on a imaginé de plus neuf et de plus habile pour remettre nos budgets à flot.

On paraît disposé à continuer les mêmes errements au risque de faire sombrer tous nos revenus dans l'abîme de nos budgets présents et futurs !

Sur la contribution de guerre de cinq milliards, deux ont déjà été payés à la Prusse ou sont sur le point de l'être, au moyen d'un emprunt contracté, on peut le dire, à un taux usuraire.

Faut-il continuer dans la même voie pour nous acquitter des trois milliards restant ? Oui ! répondent la plupart de nos économistes, de nos hommes d'État, de nos publicistes, et avec eux, sans doute, le Gouvernement et la majorité de notre Assemblée. — Il faut, j'avoue, beaucoup de hardiesse, presque de la témérité, pour oser prononcer le *non*. Que l'on nous permette à nous, *simple contribuable,* mais prêt à subir les conséquences de nos conseils, d'être ce téméraire, et de proposer à la discussion, d'abord dans les journaux et les réunions, puis au sein de l'Assemblée, si elle le juge utile, une idée simple, une combinaison peu compliquée, mais qui nous semble la meilleure dans les circonstances actuelles, la plus efficace, et d'une exécution peut-être moins difficile qu'elle ne paraît au premier abord.

Cette idée, la voici :

« Faire un appel au patriotisme, à l'esprit de sacri-

» fice et à l'intérêt économique bien entendu de toute
» la population de la France, et décréter par l'Assem-
» blée une *contribution nationale extraordinaire,* une
» fois payée, de 3 p. 100 sur la valeur de toute pro-
» priété immobilière et mobilière de tous les citoyens
» français (1). »

La propriété foncière seule a été évaluée, dans les documents officiels (2), en 1852, à 96 milliards 282

(1) Il est bien entendu que tous les citoyens français, possédant des valeurs mobilières et immobilières dans les pays étrangers, seraient soumis à la même contribution. Toute déclaration reconnue fausse entraînerait la même peine qu'un faux témoignage en justice.

(2) Voici à ce sujet quelques chiffres puisés à des sources qui paraissent le plus dignes de foi.

En 1851, qui était une année de crise, le *revenu foncier imposable,* qui n'est pas le revenu net réel, était évalué à 2 milliards 643 millions.

En 1862, la valeur totale de la *propriété foncière* en France est estimée à 96 milliards 282 millions. Le revenu à 3 milliards et demi.

La *production agricole* (céréales, prés, bois bestiaux, etc.) était estimée, en 1852, à 5 milliards 637 millions 368,151 fr., et en 1862 au chiffre énorme de plus de 15 milliards.

La *production industrielle,* d'après les résultats de l'enquête de 1860-61 : la valeur de la grande industrie manufacturière seule se montait à près de 9 milliards.

Les *capitaux engagés* dans les autres branches de l'industrie, dans les établissements de crédit, les chemins de fer, étaient évalués comme suit :

Chemins de fer. Le capital *Actions* représentait, au 31 décembre 1867, 1,545,120,908 fr. Le capital *Obligations* 4,998,878,597 fr.

Ensemble plus de 6 milliards et demi.

millions. Elle dépasse certainement aujourd'hui la somme ronde de 100 milliards, même en tenant compte de la dépréciation occasionnée par les derniers événements. Une contribution de 3 p. 100 sur ce capital seul, procurerait la somme de 3 milliards dont le Trésor a besoin pour nous délivrer définitivement de la créance prussienne.

Le reste du produit de l'impôt serait consacré à ranimer la production nationale.

Ici, nous entendons tous les financiers systématiques, et plus ou moins savants, se récrier ; nous les voyons hausser les épaules, traiter l'idée d'extravagante, d'utopie, de fantaisie, que sais-je ! Je leur en demande pardon, et je réclame un moment de patience pour leur soumettre ces quelques réflexions :

Nous sommes dans un pays de propriété divisée, mais très répandue ; nous formons une société très

Les capitaux engagés dans les autres entreprises financières ou industrielles étaient estimés à 2 milliards et demi.

Enfin le commerce spécial de la France, représentant les échanges directs avec l'étranger s'élevait, en 1868, à 6 milliards 94 millions, dont 3 milliards 304 millions à l'importation et 2 milliards 790 millions à l'exportation.

D'après ces données, le capital représentant la propriété mobilière et immobilière en France dépassait, en 1868, la somme de 137 milliards.

démocratique, quoique nous ayons subi des formes
de gouvernements ou des essais de formes extrême-
ment variées. Tout le monde chez nous, depuis le plus
pauvre manœuvre jusqu'au chef de l'État, sait d'une
manière pratique, empirique, gouverner son avoir, sa
fortune plus ou moins modeste ou considérable. Il ar-
rive à tout le monde, à tout propriétaire d'une terre,
d'une maison, d'une boutique, d'un établissement,
d'une inscription de rente ou d'une autre valeur, et
même à l'ouvrier de campagne possédant un petit
magot, d'avoir un jour dans sa vie, sur les bras, une
affaire qui exige une liquidation, impossible à faire
avec le seul argent qu'il possède dans sa bourse. Comment s'y prend-il, ce propriétaire, ce capitaliste, petit
ou grand, pour opérer cette liquidation impossible à
éviter? Il procède de l'une des deux façons : ou il
cherche à emprunter la somme nécessaire à cet usage,
en s'engageant à la rembourser sur ses revenus futurs, ou bien il se résout à vendre, à détacher de sa
propriété, de quelque nature qu'elle soit, la fraction
la parcelle nécessaire pour satisfaire son créancier.
Lequel des deux moyens vaut le mieux? Nous répon-
dons par la locution populaire : *c'est selon.*

S'il lui est plus profitable à ce débiteur de faire un
nouvel emprunt à des conditions plus avantageuses

que d'aliéner immédiatement une partie de sa propriété, il fera cet emprunt. Si, au contraire, il ne trouve à emprunter qu'à des conditions tellement onéreuses, que l'intérêt qu'on lui demande dépasse considérablement le revenu de la somme équivalente prise sur la vente de sa propriété, il préférera la vendre et se débarrasser immédiatement, et d'un seul coup, de ses créanciers.

Nous savons que l'assimilation de la fortune publique, de la propriété nationale collective, à la fortune privée, à la propriété d'un particulier, n'est pas toujours admissible et vraie, que la fortune d'un négociant, d'un banquier, d'un propriétaire d'immeubles ou d'un rentier, peut être quelquefois gérée d'après d'autres règles et administrée selon d'autres visées que les finances de l'État et la propriété collective d'une nation ; cependant, en principe, lorsqu'il s'agit de se libérer d'une dette exigible, — et que l'on ne peut s'en débarrasser par la force, lors même que ce soit la force qui l'ait imposée, — la position d'un particulier et celle de l'État sont à peu près identiques. Il faut payer ou sur ses revenus, ou sur sa propriété.

Payer sur ses revenus ! c'est là le conseil des partisans des emprunts avec amortissement. Mais si les revenus annuels ne sont pas suffisants pour payer seulement les intérêts de la dette? Alors, répondent-ils, payez plutôt perpétuellement les intérêts aux prêteurs.

Le conseil est bon, attendu qu'il est, en pareil cas, le seul possible à exécuter. Mais si les intérêts à payer sont supérieurs aux intérêts produits par les capitaux qui sont la source des revenus avec lesquels on paie la rente, alors loin de pouvoir amortir un jour la dette, on amortit progressivement le capital qui représente la valeur de la propriété, source du revenu. On court invinciblement vers la banqueroute, et dans tous les cas on fait une opération détestable.

Est-ce là le cas dans lequel nous placent les emprunts successifs contractés à des taux onéreux? Je le crains! Passons en revue les sources de revenus, c'est-à-dire les divers genres de propriétés en France, et voyons à quel taux d'intérêt correspondent les capitaux productifs.

La terre, le sol, le capital le plus ostensible, par conséquent le plus facile à évaluer et à être imposé, produit en moyenne, — si on fait abstraction des bénéfices de la culture,— de 2 1/2 à 4 p. 100 d'intérêt du capital d'achat. La valeur de tout le sol productif de revenu en France est évaluée, d'après les études les plus consciencieuses, à une somme de 80 à 100 milliards. Le revenu annuel est de 3 milliards à 3 milliards 1/2.

L'impôt foncier produit en moyenne la somme de 272 millions par an.

La valeur de la propriété bâtie est estimée à l'intérêt qu'elle rapporte. Celui-ci, y compris l'amortissement, ne dépasse pas 5 p. 100 en moyenne.

Les créances hypothécaires rapportent de 4 1/2 à 5 p. 100.

Les meilleures, c'est-à-dire les plus solides valeurs de Bourse, telles que les obligations de chemins de fer et du Crédit foncier n'atteignent pas 5 p. 100 du prix d'émission.

Les revenus de valeurs aléatoires, ainsi que de l'industrie et du commerce, aléatoires aussi, correspondent en moyenne à un *revenu sûr* de 5 1/2 à 6 p. 100.

Comparons ces taux d'intérêts avec ceux auxquels ont été contractés les derniers emprunts.

L'emprunt de 2 milliards 500 millions a été émis au taux de 79 26 pour 5 fr. de rente, ce qui revient à 6 1/4 p. 100.

Le résultat des emprunts faits cette année est une rente perpétuelle de 160 millions qui vient s'ajouter à la somme de rentes créées ou léguées par les gouvernements qui se sont succédé en France.

Depuis, et y compris la Restauration, jusqu'à la déclaration de la guerre à la Prusse, notre dette s'est montée à 360,471,350 fr. de rentes, dont le capital nominal est de 11 milliards 1/2 environ : en y ajoutant les 160 millions de rentes 5 p. 100 émises récemment, cela fait un total de 520 millions de rentes et un capital nominal de près de 15 milliards.

Est-ce assez de charges pour notre budget des recettes annuelles, même en admettant qu'il continue à dépasser 2 milliards?

Et c'est en présence d'une telle situation que nous allons émettre encore un emprunt de 3 milliards! A quel taux pourra-t-on réaliser cet emprunt? Admettons qu'il soit placé plus avantageusement que le précédent, il dépassera encore certainement la moyenne du taux d'intérêt que produisent les capitaux dans l'agriculture, les constructions et l'industrie manufacturière solidement assise. Et alors pourquoi conserver intégralement intactes tous ces capitaux qui produisent moins, pour nous procurer, par voie d'emprunt, un capital qui nous coûte plus cher en nous obligeant de payer une rente plus élevée? N'est-il pas plus simple, parce que c'est plus profitable, de commencer par payer le capital lui-même de la dette et d'éviter le paiement de gros intérêts?

Mais le moyen, nous objectera-t-on, de se procurer 3 milliards sans emprunt ? Voici notre réponse.

Depuis quelques années les propositions d'établir un impôt sur le revenu se renouvellent, non-seulement dans les journaux, dans les écrits et les publications des économistes, mais au sein des assemblées législatives. Déjà avant la guerre, au mois de juillet 1870, le baron de Veauce présenta au Corps législatif une proposition d'établir à la place des quatre contributions directes (foncière, personnelle et locative, portes et fenêtres et patentes) un seul impôt sur le revenu. Au sein de l'Assemblée actuelle, diverses motions et propositions incidentes ont déjà été annoncées dans ce but, et il paraît probable que cet impôt sera sérieusement discuté, non comme remplaçant les anciennes contributions directes, mais comme ouvrant une nouvelle source supplémentaire et extraordinaire des recettes pour le Trésor. Nous ne sommes nullement partisans de l'impôt sur le revenu, pour des raisons qu'il serait trop long et que nous n'avons pas l'intention de développer ici, mais nous voyons dans l'insistance que mettent les auteurs des propositions relatives à cet impôt la preuve de la nécessité, qui se manifeste de plus en plus, d'avoir recours aux ressources nouvelles, aux moyens extraordinaires pour sortir d'une position difficile.

Nous allons plus loin que les partisans de l'*income tax* française, tout en lui empruntant ses règles d'application et de perception ; nous prenons pour devise *aux grands maux, les grands remèdes,* et au lieu d'attaquer encore le revenu déjà atteint sous tant de formes et d'une manière plus ou moins permanente, nous préférons nous adresser de la même façon que l'impôt sur le revenu, mais en faisant la part des besoins urgents du moment, au capital lui-même. Provoquons le capital en masse à venir au secours du pays, ne laissons pas dépérir la propriété de tous, ne permettons pas au malaise d'envahir les forces productives encore robustes du pays. Ayons le courage de retrancher de la fortune de chacun la part nécessaire pour payer le restant de notre dette à tous. Une contribution de 3 p. 100 sur une propriété imposable de plus de 100 milliards, payable si l'on veut en trois ans (1 p. 100 par an avec intérêt), éteindra la dette que nous a créée l'infortune de la guerre. Nous débarrasserons plus tôt le territoire national des troupes d'occupation étrangère, nous solderons nos comptes en argent et nous nous remettrons, riches encore de 97 milliards, rien que sur le cent imposé, à un travail tellement productif que non-seulement notre agriculture, notre industrie et notre commerce répareront bientôt leurs pertes, mais notre situation générale, politique et militaire en Europe regagnera son ancienne splendeur !

QUELQUES MOTS

A la lecture de notre projet pour la libération du pays, quelques-uns, non contents de nous jeter à la face le mot d'utopie, s'écrieront, indignés : C'est du socialisme, du communisme de la pire espèce! Calmez-vous, esprits honnêtes et timorés, nous ne sommes pas plus que vous les adeptes de l'Internationale, Nous sommes simplement de ceux qui font de nécessité vertu, sans trop s'inquiéter de froisser les intérêts privés lorsqu'il s'agit du bien de l'État. *Salus populi suprema lex,* comme disaient les Romains au milieu de leurs crises politiques.

Nous fûmes césariens, et, certes, ce qui se passe aujourd'hui n'est pas fait pour changer notre manière de voir.

Le césarisme, tel que nous le concevons, est républicain de son essence, nullement dynastique, ni monarchique. Auguste portait la pourpre, mais son front n'était pas ceint d'un diadème, à la façon des monarques d'Asie et des rois barbares. Néanmoins, le César est investi du droit d'adopter et de présenter un successeur au suffrage populaire. De cette façon, le pouvoir exécutif peut s'établir pour quelque temps dans la même famille, sans que cette sorte d'hérédité ressemble en rien à celle des monarchies de droit divin. C'est ce qui débarrasse des minorités et par conséquent des régences. Imperator est le nom du chef de l'État et de l'armée, qui puise sa puissance dans les comices populaires, où il vient retremper son autorité dans les conjonctures importantes.

Toutes les fois que le césarisme affecte de s'assimiler à la royauté appelée légitime ou à la monarchie dite parlementaire, il va contre son propre principe : la souveraineté de la nation. Et alors, au lieu de prendre racine dans le sol où il s'est implanté, il s'affaiblit, s'étiole et meurt : ce dont nous avons vu deux preuves éclatantes dans le siècle où nous vivons.

Nous fûmes césariens, car nous avons cru et nous croyons encore que cette forme gouvernementale est nécessaire aux contrées latines restées catholiques, comme l'Espagne, le Portugal et l'Italie ou, comme la France, insuffisamment éclairées, par le flambeau de la réforme du XVI° siècle.

Le césarisme seul est de force à nous délivrer de l'esprit délétère de l'ultramontanisme. Ce n'est qu'avec une main de fer qu'on fera rentrer le clergé catholique dans les bornes de ses attributions, qui consistent à enseigner la religion et la morale de l'Évangile, et non à produire des sermons ou des mandements politiques. Il faut que le lévite s'inspire des paroles de Jésus de Nazareth : « Mon royaume n'est pas de ce monde » et qu'il laisse la gestion des choses temporelles à nous autres pauvres laïques.

Le césarisme, comme à Rome, a de plus sa raison d'être dans notre Occident pour mener les peuples du centre et de l'orient de l'Europe vers une organisation gouvernementale basée sur la justice pour tous et non uniquement sur la force, organisation où se réaliseront un jour toutes les nobles aspirations de l'humanité.

Ce jour-là, la force aura cessé de primer le droit. Si cette heure coïncide pour la race slave avec la réalisation de ses espérances, — ce dont plusieurs raisons permettent encore de douter, — il faut que cette race s'imprègne de l'idée que la conquête n'est pas l'unique base de la grandeur. C'est par sa mansuétude que la France s'est assimilée d'une manière intime l'Alsace, devenue française comme toute autre partie de notre pays, et restée inconsolable de nous avoir été arrachée. L'Angleterre, malgré sa haute civilisation, ne saurait se vanter d'un semblable succès, car l'Irlande est comme un boulet rivé à ses pieds. Que les Slaves s'inspirent donc de l'exemple de la France dans leurs procédés vis-à-vis les nationalités magyare, roumaine et hellénique.

Qu'ils n'hésitent pas à affirmer les uns aux autres leurs autonomies respectives avec l'égalité complète des cultes et non une tolérance fallacieuse : chose qui n'est pas conforme, nous le savons, aux tendances des hommes d'État de l'empire de Russie et aux promoteurs du mouvement politique de Moscou. Ceux-ci font une propagande active de l'orthodoxie grecque, confondant la nationalité avec la religion, et là où cette propagande resterait sans résultat ils sèment par d'habiles agents les doctrines d'un communisme agraire, afin de dissoudre tous les liens sociaux et livrer les populations perverties à leur merci. Ils guettent la première occasion pour mettre la main sur Constantinople et le Bosphore et· sur tout le triangle illyrique jusqu'à Trieste. Ce serait le commencement de la réalisation d'un pantsarisme babylonien — idée grandiose, si l'on veut, mais qui n'en est pas moins insensée. Le résultat de cette tendance quel sera-t-il pour les Slaves? D'être aujourd'hui dupes des Allemands pour devenir demain leurs victimes.

Le césarisme est de son essence un gouvernement d'action et non de discussions puériles. Néanmoins, il peut admettre, par égard pour le préjugé, des Corps législatifs ou des Chambres de députés, avec des Sénats ou des Chambres de pairs : hochets sur lesquels il nous semble oiseux d'arrêter notre pensée..

Non ragionam di lor, ma guarda e passa,

comme dit le Dante.

Nous concevons cependant une forme gouvernetale supérieure au césarisme. La souveraineté résiderait dans une Assemblée unique, aussi peu nombreuse que possible, qui se composerait des députés des 86 départements, élus par les Conseils généraux (auxquels il serait interdit de porter leur choix sur l'un de leurs membres). Cette Assemblée aurait dans ses mains le pouvoir législatif et le pouvoir exécutif, ce dernier pouvoir délégué à un ministère avec un président, pris en dehors de l'Assemblée. Dans des cas extraordinaires, tels que les trahisons envers l'État, et les malversations des grands fonctionnaires publics, l'Assemblée exercerait aussi le pouvoir judiciaire. Elle se renouvellerait tous les ans par dixième ou par cinquième comme dans la Constitution de l'an VII. Ses membres ne seraient rééligibles qu'après un laps de trois ans.

Telles seraient les bases d'une organisation, retardée pour longtemps, par la rareté des vertus civiques, la perversion du sens moral et l'absence d'esprit de sacrifice qui caractérise momentanément, je l'espère, notre société, beaucoup trop matérialiste encore.

Quand, au milieu de l'apaisement des passions, l'histoire retracera les affreuses folies de la Commune et leur répression violente et quelquefois irréfléchie par les troupes de Versailles, elle se demandera comment l'Assemblée n'a-t-elle pas pris la responsabilité de ses actes vis-à-vis l'insurrection vaincue? Certes, il est impossible, dans la chaleur du combat, d'arrêter l'indignation du soldat; mais de là aux jugements sommaires et aux exécutions quasi occultes des prisonniers, il y a une énorme distance. La lutte terminée, l'Assemblée aurait dû hardiment se constituer en Cour de haute justice, appeler à sa barre les principaux coupables, les juger avec une sévérité exemplaire et faire exécuter promptement ses verdicts. Quant à la masse des captifs, tristes moutons de Panurge, il suffisait de les priver de leurs droits politiques jusqu'à ce qu'ils se réhabilitent de leur égarement. Il y aurait eu, ainsi, beaucoup moins de sang versé, et des souffrances inutiles à la vindicte sociale eussent été épargnées à une foule de malheureux.

A Dieu ne plaise que j'invoque la rigueur des lois sur les individus dont le procès se déroule devant les Conseils de guerre. La modération doit toujours résider, en pareil cas, dans la conscience des juges. Il est même de bonne politique d'obéir largement au sentiment de la clémence, toutes les fois que la clémence n'est pas faiblesse. Mais, s'il nous est permis de revenir sur une chose jugée, il est un crime qui soulève par-dessus tout notre indignation. C'est celui de l'individu qui a osé porter une main sacrilége sur le monument national, dont le bronze n'était en quelque sorte que le sang figé de nos glorieux soldats et le souvenir de nos victoires d'autrefois — et cela le lendemain de désastres inouïs, en présence des Allemands occupant plusieurs forts de Paris. Criminel, — cet individu méritait la mort; — fou, nous aurions enfermé à Charenton ce nouvel Érostrate. Le Conseil de guerre a eu sans doute ses raisons pour en agir autrement. Mais cette indulgence auprès de condamnations comparativement rigoureuses échappe à notre compréhension.

L'esprit des partis qui nous divisent nous accable de tristesse. Nous voyons, d'un côté, les républicains modérés, ou soi-disant tels, s'inspirer d'un éclectisme stérile, et, de l'autre côté, les républicains ardents (dont quelques-uns sont les jouets inconscients d'habiles intrigants, instruments eux-mêmes des ennemis de la France) compromettre la réorganisation nationale par leur impatience fébrile, leurs doctrines extravagantes et leurs systèmes exclusifs. Ceux-ci feraient chavirer, si c'était possible, le vaisseau du progrès humanitaire.

Il est également douloureux de voir la pomme de discorde jetée entre les combattants de l'armée régulière et les combattants de l'armée organisée par l'énergique Gambetta. Cette dernière a su, — malgré d'immenses désavantages, — maintenir héroïquement sur la Loire l'honneur du nom français, en luttant contre des troupes victorieuses, enivrées de leurs triomphes et commandées par le premier capitaine peut-être de notre époque, le prince Frédéric-Charles.

En constatant tous les tristes symptômes de l'affaissement public, la froide raison nous fait désespérer parfois de l'avenir. Mais la nation française a trop bien mérité de l'humanité pour ne pas se relever de ses défaites. Une voix nous dit au fond de l'âme : Non, la patrie ne périra pas ! Elle verra bientôt des jours meilleurs. Dieu protége la France !

Paris. — Typ. BALITOUT, QUESTROY et Cᵉ, rue Baillif, 7,